Pour Nina et sa maman, Ourdia
~ CNV

Pour Tristan
~ MB

© Kaléidoscope 2002
Loi n° 49.956 du 16 juillet 1949 sur les publications
destinées à la jeunesse : mars 2002
Dépôt légal : juin 2005
Imprimé en France par Pollina Imprimeur à Luçon - n° L95870

www.editions-kaleidoscope.com
Diffusion l'école des loisirs

Christine Naumann-Villemin

La tétine de Nina

Illustrations de Marianne Barcilon

kaléidoscope

«Quand vas-tu enfin arrêter de sucer cette tétine ? » demande Maman.
« Jamais ! répond Nina. C'est ma tétine ! »
« Mais quand tu seras grande,
il faudra bien t'en débarrasser ! »
Nina met sa tétine dans sa bouche :
« Amais, amais, amais ! »

« Alors quand tu iras te promener, tu la prendras ? »
« Bien kûr ! Avec gues gâkeaux et gu kocolat. »

« Et quand tu iras à la piscine, tu l'emporteras ? »
« Oui ! ye plongrai avec ! »

« Et quand tu seras une grande personne et que tu partiras au travail, tu la garderas ? »
« Oui, d'abord. Y'aurai kouyours ma kékine ! »

23 Tototte Square   Jardin des tétines   Place tutte

« Mais quand tu te marieras,
tu n'auras quand même pas ta tétine ? »
« Ki ! est krès yoli avec une belle robe ! »

Et là-dessus, Nina va dans le jardin.

Soudain, un loup sort du bois. Un loup affreux, furieux et affamé.
« Arghhh ! Petite fille, je vais te manger ! »

« Oh ! s'écrie Nina. Aikke-moi kranquille ! »
« Quoi ? » fait le loup, qui n'a rien compris.
Nina répète : « Aikke-moi kranquille ! »

Décidément, le loup ne comprend pas.
« Quoi ? Qu'est-ce que tu dis ? »
Nina ôte sa tétine et hurle :
« T'es pas beau, t'es pas gentil
et tu sens mauvais ! Laisse-moi
tranquille ! »

Le sang du loup ne fait qu'un tour.
« Ah oui ? j'suis pas beau ! j'suis pas gentil ! je sens mauvais !
Tu vas voir ce que tu vas voir, petite fille ! »

Finalement, le loup n'a plus trop envie de manger Nina.
Le loup affreux, affamé et furieux est devenu
un loup tout doux, tout mou, gros doudou.

Avec un petit sourire,
il disparaît dans le bois.
Plus jamais il ne reviendra.

Nina rentre à la maison.
« Eh bien, tu n'as plus ta tétine ? s'étonne Maman.
J'espère que tu ne l'as pas perdue ? »
« Non, répond Nina. Je l'ai donnée à quelqu'un
qui en avait vraiment besoin. »

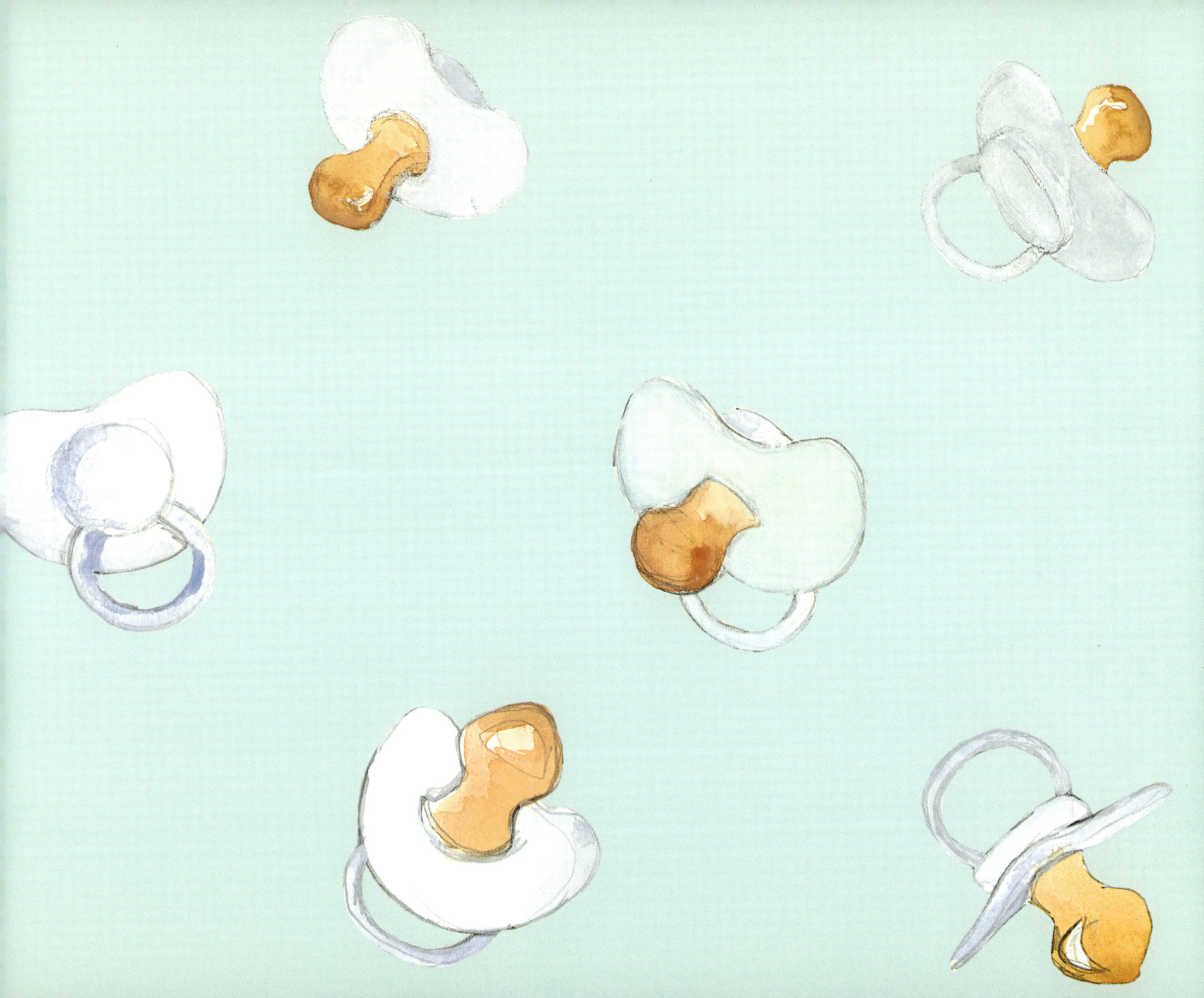